ORDRE DES AVOCATS

AU

BARREAU DE LILLE

LILLE

IMPRIMERIE L. DANEL
1924

ORDRE DES AVOCATS

AU

BARREAU DE LILLE

LILLE

IMPRIMERIE L. DANEL

1924

DISPOSITIONS GÉNÉRALES

DÉCRET du 20 Juin 1920

portant règlement d'administration publique sur l'exercice de la profession d'avocat et la discipline du barreau. (V. *Journ. Off.* du 22 Juin 1920).

Le Président de la République française,

Sur le rapport du garde des sceaux, ministre de la justice,

Vu la loi du 22 ventôse an XII et, en particulier, les articles 29 et 38 de ladite loi qui sont ainsi conçus :

« Art. 29. — Il sera formé un tableau des avocats exerçant près les tribunaux.

« Art. 38. — Il sera pourvu, par des règlements d'administration publique, à l'exécution de la présente loi et, notamment, à ce qui concernera.... 7° la formation du tableau des avocats et la discipline du barreau » ;

Vu l'ordonnance du 20 Novembre 1822 ;

Vu l'ordonnance du 27 Août 1830 ;

Vu le décret du 22 Mars 1852 ;

Vu le décret du 10 Mars 1870 ;

Le Conseil d'État entendu,

Décrète :

TITRE PREMIER

DU TABLEAU

Art. 1er. — Les avocats qui exercent près de chaque cour d'appel ou de chaque tribunal de première instance, ne siègeant pas au chef-lieu d'une cour d'appel, forment un ordre des avocats qui est soumis aux règles ci-après.

Art. 2. — Ils sont inscrits sur le tableau institué par l'article 29 de la loi du 22 ventôse, an XII, d'après leur rang d'ancienneté, conformément aux dispositions de l'article 16 du présent décret et à celles du règlement intérieur prévu à l'article 46.

Art. 3. — Nul ne peut être inscrit sur le tableau des avocats au barreau d'une cour ou d'un tribunal, s'il n'exerce réellement près de cette cour ou de ce tribunal, ou s'il ne produit le certificat de stage mentionné à l'article 27. Les magistrats honoraires et les anciens magistrats ayant au moins trois ans de fonctions sont dispensés du stage.

Art. 4. — Le tableau est réimprimé au commencement de chaque année judiciaire et déposé au greffe de la cour ou du tribunal.

Art. 5. — Seuls ont droit au titre d'avocat les licenciés en droit qui sont régulièrement inscrits au tableau ou au stage du barreau d'une cour d'appel ou d'un tribunal de première instance. Ils doivent faire suivre leur titre d'avocat de la mention de ce barreau.

Cette disposition n'est pas applicable aux avocats au Conseil d'État et à la Cour de Cassation.

Art. 6. — Les avocats inscrits au tableau peuvent, excepté dans les cas prévus à l'article 32, exercer leur ministère en conformité des lois et règlements et devant toutes les juridictions, sauf devant le Tribunal des conflits, le Conseil d'État, la Cour de cassation, la Cour des comptes et le Conseil des prises, et ce, sans autorisation et sous la seule obligation, lorsqu'ils se déplacent, de se présenter au président et au magistrat du ministère public tenant l'audience où ils plaident ainsi qu'au bâtonnier du barreau local.

Ils peuvent également, et dans les mêmes conditions, assister leurs clients, ou les représenter s'il y a lieu, dans les mesures d'instruction prescrites par jugement ou par ordonnance.

TITRE II

DE L'ORGANISATION ET DE L'ADMINISTRATION DE L'ORDRE

Art. 7. — L'assemblée générale des avocats de chaque barreau est composée de tous les avocats inscrits au tableau.

Art. 8. — Chaque barreau est administré par un conseil de l'ordre des avocats dont la composition et les attributions sont déterminées ainsi qu'il suit et qui est présidé par le bâtonnier.

Art. 9. — Le conseil de l'ordre est composé de cinq membres dans les barreaux où le nombre des avocats inscrits est de six à trénte ; de sept si le nombre des avocats inscrits est de trente et un à cinquante ; de neuf si ce nombre est de cinquante et un à cent ; de quinze s'il est supérieur à cent ; de vingt-quatre à Paris.

Art. 10. — Les membres du conseil de l'ordre des avocats exerçant près de chaque cour ou tribunal sont élus directement par l'assemblée générale des avocats inscrits au tableau. L'élection est faite au scrutin de liste, à la majorité absolue des suffrages des membres présents.

Art. 11. — Peuvent seuls être élus membres du conseil de l'ordre, à Paris, les avocats qui sont inscrits au tableau depuis dix ans, et, dans les barreaux des chefs-lieux de cour d'appel ainsi que dans ceux qui comprennent plus de vingt membres, les avocats ayant cinq ans d'inscription au dit tableau.

Est inéligible l'avocat qui a été privé temporairement, dans les conditions spécifiées à l'article 32, du droit de faire partie du conseil de l'ordre.

Art. 12. — Dans les barreaux où le nombre des avocats inscrits au tableau est inférieur à six, les fonctions du conseil de l'ordre sont remplies par le tribunal de première instance.

Art. 13. — Le bâtonnier de l'ordre est élu, dans tous les barreaux, par l'assemblée générale de l'ordre, par scrutin séparé, à la majorité absolue des suffrages des membres présents. Il est procédé à l'élection du bâtonnier avant celle des membres du conseil.

Art. 14. — Les élections générales ont lieu à l'époque et pour le temps fixés par le règlement intérieur de chaque barreau. Les élections partielles sont faites dans le mois de l'événement qui les rend nécessaires. Toutefois, si cet événement survient pendant les vacances judiciaires ou dans le mois qui les précède, il n'est procédé aux élections qu'après la rentrée judiciaire.

Art. 15. — Les avocats inscrits au tableau peuvent déférer les élections à la Cour d'appel dans le délai de cinq jours à partir desdites élections.

Le procureur général a le même droit dans le délai de quinze jours à partir de la notification qui lui a été faite, par le bâtonnier, du procès-verbal des élections.

Art. 16. — Les attributions du conseil de l'ordre consistent : 1° à statuer sur les difficultés relatives à l'inscription au tableau des avocats, sur l'admission au stage des licenciés en droit qui ont prêté serment devant les Cours d'appel, sur l'inscription au tableau des avocats stagiaires après l'accomplissement de leur stage, ainsi que sur l'inscription et sur le rang des avocats qui, ayant déjà été inscrits au tableau et ayant abandonné l'exercice de leur profession, se présentent de nouveau pour la reprendre ; 2° à maintenir les principes de modération, de désintéressement et de probité sur lesquels repose l'ordre des avocats et à exercer la surveillance que l'honneur et l'intérêt de l'ordre rendent nécessaires ; 3° à s'occuper de toute question intéressant l'exercice de la profession d'avocat, notamment en ce qui concerne la défense des droits des avocats et la stricte observation de leurs devoirs professionnels ; 4° à gérer les biens de l'ordre, à administrer et à utiliser les ressources de l'ordre pour assurer les secours attribués aux membres du barreau, à leurs veuves ou à leurs enfants, soit par prestation directe, soit par la constitution d'une caisse de retraites ; 5° à autoriser le bâtonnier à ester en justice, à accepter tous dons et legs faits à l'ordre, à transiger ou à compromettre, à consentir toutes aliénations ou hypothèques et à contracter tous emprunts.

Art. 17. — Le conseil de l'ordre statue sur la demande d'inscription au tableau dans les deux mois à partir de la réception de ladite demande.

La décision du conseil de l'ordre portant refus d'inscription est notifiée à l'intéressé qui peut la déférer à la Cour d'appel dans le délai de deux mois à partir de cette notification.

A défaut de notification d'une décision, dans le mois qui suit l'expiration du délai imparti au conseil de l'ordre pour statuer, l'intéressé peut considérer sa demande comme rejetée et se pourvoir ainsi qu'il est dit au paragraphe précédent.

Art. 18. — Le bâtonnier représente l'ordre des avocats dans tous les actes de la vie civile.

Il peut déléguer tout ou partie de ses attributions à un ou plusieurs membres du conseil.

Art. 19. — Dans les barreaux ne comprenant pas plus de vingt avocats inscrits au tableau, l'assemblée générale des avocats délibère sur les questions et dans les conditions mentionnées à l'article 21.

Art. 20. — Lorsque le barreau se compose de plus de vingt membres, les avocats inscrits au tableau sont répartis en colonnes ou sections.

Il est formé deux colonnes si le nombre des avocats inscrits est de plus de vingt et ne dépasse pas cinquante ; quatre, si le nombre est de plus de cinquante et n'est pas supérieur à cent ; de sept à vingt si le tableau comprend plus de cent avocats.

Art. 21. — L'assemblée générale, dans le cas prévu à l'article 19, et les colonnes, dans les cas prévus à l'article 20, se réunissent deux fois par année, autant que possible dans les mois de décembre et de mai, sous la présidence du bâtonnier ou d'un membre du conseil de l'ordre, ou, à leur défaut, du plus ancien des avocats présents, dans l'ordre du tableau.

Elles ne peuvent examiner que les questions qui leur sont soumises soit par le conseil, soit par un de leurs membres, à la condition qu'il en ait informé le conseil quinze jours à l'avance.

Les vœux émis dans les colonnes sont transmis au conseil avec l'indication du nombre des suffrages qu'ils ont réunis.

Le conseil en délibère dans le délai de trois mois, non compris les vacances judiciaires. En cas de rejet, le conseil motive sa décision.

Les décisions du conseil sont portées à la connaissance des plus prochaines réunions de colonnes. Elles sont consignées sur un registre spécial tenu à la disposition de tous les avocats inscrits.

TITRE III

DU STAGE

ART. 22. — Toute personne qui demande son admission au stage d'un barreau est tenue de fournir au conseil de l'ordre : son diplôme de licencié en droit, les pièces justificatives établissant sa qualité de Français et son état civil ainsi qu'un extrait de son casier judiciaire.

Une enquête sur la moralité du postulant est faite par les soins du conseil de l'ordre.

ART. 23. — Les postulants doivent, avant d'être admis au stage, et sur la présentation du bâtonnier de l'ordre, prêter, devant la cour d'appel, serment en ces termes :

« Je jure de ne rien dire ou publier, comme défenseur ou conseil, de contraire aux lois, aux règlements, aux bonnes mœurs, à la sûreté de l'Etat et à la paix publique et de ne jamais m'écarter du respect dû aux tribunaux et aux autorités publiques ».

ART. 24. — L'admission au stage est prononcée par le conseil de l'ordre.

Les dispositions de l'article 17 qui précède sont applicables à la décision portant refus d'admission au stage.

ART. 25. — Les avocats stagiaires sont inscrits sur une liste du stage d'après la date de leur admission.

Lorsque le nombre des avocats stagiaires inscrits à un barreau est supérieur à vingt, ceux-ci sont répartis en colonnes spéciales de stage, présidées par le bâtonnier ou par un membre du conseil de l'ordre, et dont le nombre et le fonctionnement sont déterminés par le règlement intérieur.

ART. 26. — Le stage comporte nécessairement : 1° l'assiduité aux exercices du stage, organisés, conformément aux dispositions du règlement intérieur de chaque barreau, soit sous la présidence du bâtonnier lorsqu'il n'existe pas de colonnes, soit sous celle des présidents des colonnes ; 2° la participation aux travaux de la conférence du stage dans les barreaux où elle existe ; 3° la fréquentation des audiences. Il comporte, en outre, autant que possible, le travail, soit dans un cabinet d'avocat, soit dans une étude d'avoué ou de notaire, soit aux parquets des cours ou tribunaux, le conseil de l'ordre devant prendre les mesures nécessaires pour faciliter l'exécution de cette disposition.

Le licencié en droit admis au stage ne peut prendre le titre d'avocat qu'en le faisant suivre du mot stagiaire.

L'avocat stagiaire est autorisé à plaider sauf pendant le temps où il est inscrit comme clerc sur la liste de stage d'une étude d'avoué ou sur le registre de stage tenu par la chambre de discipline des notaires.

La durée du stage est de trois années, mais peut, exceptionnellement, à la demande de l'avocat stagiaire, être portée à cinq ans.

Art. 27. — A l'expiration du délai du stage, un certificat constatant l'accomplissement dudit stage est délivré, s'il y a lieu, au stagiaire, par le bâtonnier.

Si le bâtonnier estime que le stagiaire n'a pas satisfait aux obligations résultant des prescriptions de l'article 26, il peut, après l'avoir entendu, prolonger le stage deux fois d'une année.

A l'expiration de la cinquième année, le certificat est, dans tous les cas, délivré ou refusé.

Le refus de certificat ne peut être prononcé que par une décision motivée du conseil de l'ordre.

Cette décision peut être déférée à la cour d'appel dans les conditions fixées à l'article 17.

Art. 28. — Les avoués, licenciés en droit, qui, après avoir donné leur démission, se présentent pour être admis dans l'ordre des avocats, sont soumis au stage. S'ils ont exercé la profession pendant cinq ans, le stage peut être réduit.

Art. 29. — Le stage peut être fait en divers cours ou tribunaux sans qu'il puisse être néanmoins interrompu pendant plus de trois mois.

S'il est effectué devant un ou plusieurs tribunaux de première instance, il ne peut servir ni pour compléter le stage devant une cour, ni pour obtenir l'inscription au tableau des avocats d'une cour.

Toutefois, les conseils de l'ordre des barreaux établis près les cours d'appel peuvent accorder une diminution de la durée du stage aux avocats ayant accompli tout ou partie d'un stage devant un tribunal de première instance.

Art. 30. — Les secrétaires de la conférence du stage des avocats sont désignés par le conseil de l'ordre parmi les avocats stagiaires à la suite d'un concours auquel ne peuvent prendre part ceux qui ont été frappés d'une peine disciplinaire.

TITRE IV

DE LA DISCIPLINE

Art. 31. — Le conseil de l'ordre, siégeant comme conseil de discipline, poursuit et réprime, d'office ou sur les plaintes qui lui sont adressées, les infractions et les fautes commises par des avocats incrits au tableau des avocats ou sur la liste du stage. Il applique, s'il y a lieu, les peines disciplinaires édictées par l'article 32 ci-après.

Art. 32. — Les peines disciplinaires sont :

L'avertissement ;

La réprimande ;

L'interdiction temporaire, laquelle ne peut excéder une année ;

La radiation du tableau des avocats ou de la liste du stage.

L'avertissement, la réprimande et l'interdiction temporaire peuvent comporter, en outre, la privation, par la décision qui prononce la peine disciplinaire, du droit de faire partie du conseil de l'ordre pendant une durée n'excédant pas dix ans.

L'avocat radié ne peut se faire inscrire au tableau ou au stage d'aucune juridiction dans le ressort de la cour d'appel où il exerçait sa profession.

Lorsqu'il est inscrit à un autre barreau, il ne peut exercer son ministère que dans le ressort de la juridiction près de laquelle ce barreau est établi.

L'admission au tableau ou au stage d'un avocat anciennement rayé est portée, dans les trois jours, à la connaissance du ministère public, qui a deux mois pour interjeter appel.

Art. 33. — Aucune peine disciplinaire ne peut être prononcée sans que l'avocat inculpé ait été entendu, ou appelé, avec délai de huitaine.

Art. 34. — Dans les barreaux où les fonctions du conseil de discipline sont exercées par le Tribunal, celui-ci ne peut prononcer une peine disciplinaire qu'après avoir pris l'avis écrit du bâtonnier.

Art. 35. — Toute décision du conseil de discipline est notifiée, par le bâtonnier, à l'avocat qui en a été l'objet, dans les dix jours de sa date.

Les décisions du même conseil comportant interdiction temporaire ou radiation sont transmises, dans les trois jours, au procureur général qui en assure et en surveille l'exécution.

Art. 36. — Le procureur général peut, quand il le juge nécessaire, requérir qu'il lui soit délivré une expédition des décisions comportant avertissement ou réprimande.

Il peut également demander une expédition de toute décision par laquelle le conseil de discipline a prononcé l'absolution de l'avocat inculpé.

Art. 37. — Si la décision disciplinaire est rendue par défaut, l'avocat condamné peut former opposition, dans le délai de cinq jours à dater de la notification à personne de la décision, et si la notification n'est pas faite à personne, dans les trente jours de la notification de cette décision.

L'opposition est reçue par simple déclaration au secrétariat de l'ordre qui en délivre un récépissé.

Art. 38. — Lorsque la décision prononçant l'avertissement ou la réprimande a, en outre, privé l'avocat qui en a été l'objet du droit de faire partie du conseil de l'ordre, et dans les cas d'interdiction temporaire ou de radiation, l'avocat condamné peut interjeter appel devant la Cour d'appel du ressort.

Le droit d'appeler des décisions rendues par les conseils de discipline appartient, dans tous les cas, aux procureurs généraux.

Art. 39. — L'appel, soit du procureur général, soit de l'avocat condamné, n'est recevable qu'autant qu'il a été formé dans les dix jours de la notification qui leur a été faite, par le bâtonnier, de la décision du conseil de discipline. Toutefois, en cas de décision par défaut, ce délai ne court qu'à compter de l'expiration des délais d'opposition.

Art. 40. — Les Cours d'appel statuent sur la peine en assemblée générale et dans la chambre du conseil. A la cour de Paris, l'appel est porté devant une assemblée composée des trois premières chambres.

Art. 41. — Tout manquement, de la part d'un avocat, dans ses plaidoiries ou dans ses écrits, aux obligations que lui impose le serment professionnel auquel il est astreint en exécution de l'article 23, est réprimé immédiatement, sur les conclusions du ministère public, par le tribunal saisi de l'affaire, lequel prononce l'une des peines prévues à l'article 32.

Art. 42. — Il n'est point dérogé, par les dispositions qui précèdent, au droit qu'ont les tribunaux de réprimer les fautes commises, à leur audience, par les avocats.

Art. 43. — L'exercice du droit de discipline ne met point obstacle aux poursuites que le ministère public ou les parties civiles se croient fondés à intenter devant les tribunaux pour la répression des actes constituant des délits ou des crimes.

TITRE V

DISPOSITIONS GÉNÉRALES ET TRANSITOIRES

Art. 44. — L'avocat régulièrement nommé d'office par le bâtonnier ou par le président de la Cour d'assises ne peut refuser son ministère sans faire approuver ses motifs d'excuse ou d'empêchement par le bâtonnier ou par le président. En cas de non-approbation, et si l'avocat persiste dans son refus, le conseil de discipline prononce l'une des peines indiquées à l'article 32 ci-dessus.

Art. 45. — La profession d'avocat est incompatible avec toutes les fonctions de l'ordre judicaire, à l'exception de celle de suppléant non rétribué, avec les fonctions de préfet, de sous-préfet et de secrétaire général de préfecture, avec celles de greffier, de notaire et d'avoué, avec les emplois à gages et ceux d'agent comptable, avec toute espèce de négoce. En sont exclues toutes personnes exerçant la profession d'agent d'affaires ou dont le conjoint exerce cette profession.

Art. 46. — Chaque barreau doit, dans les six mois de la publication du présent décret, arrêter les dispositions de son règlement intérieur dont copie est transmise au premier président de la cour d'appel, au procureur général, au président du tribunal et à chacun des avocats inscrits au tableau ou stagiaires.

Le procureur général est en droit, quand il le juge utile, de déférer ces réglements intérieurs à la cour d'appel qui peut, après audition du bâtonnier, annuler celles de leurs dispositions qui sont contraires à la loi.

Une copie du règlement intérieur est déposée au greffe de chaque juridiction auprès de laquelle est établi un barreau et tenue à la disposition de tout intéressé.

Art. 47. — Le titre d'avocat honoraire peut être conféré par le conseil de l'ordre aux avocats qui ont été inscrits au tableau pendant trente ans et qui ont donné leur démission.

Les avocats honoraires restent soumis à la juridiction disciplinaire du conseil de l'ordre.

Leurs droits et leurs devoirs sont déterminés par le règlement intérieur.

Art. 48. — Les ordonnances du 20 novembre 1822 et du 27 août 1830 et les décrets du 22 mars 1852 et du 10 mars 1870 sont abrogés, ainsi que toutes les dispositions contraires au présent décret.

Art. 49. — Par dérogation à l'art. 5, paragraphe 1er, et à titre transitoire, les licenciés en droit ayant prêté serment et non inscrits au barreau d'une cour d'appel ou d'un tribunal de première instance, qui, antérieurement à la date de la publication du présent décret, auront pris habituellement le titre d'avocat, pourront conserver cette dénomination.

Toutefois, ne bénéficieront pas de la disposition exceptionnelle qui précède, ceux qui auront été rayés, par mesure disciplinaire du tableau des avocats à un barreau et les anciens officiers ministériels destitués.

Art. 50. — Par dérogation à l'article 9, le nombre des membres du conseil de l'ordre sera, à Paris, pour l'année judiciaire 1920-1921, de vingt-deux.

A titre exceptionnel, et par dérogation au même article, pendant les cinq années judiciaires qui suivront la date de la publication du présent décret, les conseils de l'ordre seront composés de trois membres dans les barreaux où le nombre des avocats inscrits était au moins égal à six avant le 2 août 1914 et où ce nombre se trouve réduit à cinq ou quatre par suite du décès d'avocats morts pour la France, au cours de la guerre.

Pendant ladite période de cinq années, il ne sera pas fait application aux barreaux mentionnés au paragraphe qui précède de la disposition de l'article 12 ci-dessus.

Art. 51 — La disposition de l'article 26, paragraphe 2, n'est pas applicable aux avocats stagiaires déjà admis au stage à la date de la publication du présent décret.

Art. 52. — Le garde des sceaux, ministre de la justice, est chargé de l'exécution du présent décret, qui sera publié au *Journal officiel* et inséré au *Bulletin des lois*.

Fait à la Monteillerie, le 20 juin 1920.

P. Deschanel.

RÈGLEMENT INTÉRIEUR

Le Conseil de l'Ordre des Avocats au barreau de Lille, Vu le décret du 20 juin 1920 portant règlement d'administration publique sur l'exercice de la profession d'avocat et la discipline du barreau ;

Arrête :

TITRE Ier

DU TABLEAU

Art. I. — Les avocats qui composent le barreau de Lille sont inscrits sur le tableau institué par l'article 29 de la loi du 22 Ventôse, an XII.

Art. II. — L'inscription peut être demandée, soit par des avocats déjà admis au stage, soit par des avocats ayant appartenu à d'autres barreaux.

Art. III. — Pour les premiers, la demande doit être adressée au Bâtonnier après l'expiration de la durée du stage, conformément au Titre III ci-après. — Elle est soumise au Conseil de l'Ordre. — Le rang de l'inscription est déterminé par la date de la demande et, en cas de concurrence de plusieurs demandes, par la priorité de l'admission au stage.

Pour les seconds, la demande est également adressée au Bâtonnier. Elle est suivie d'une visite à tous les membres du Conseil. Elle doit être accompagnée de toutes justifications utiles, notamment de l'acte de prestation de serment, d'un certificat de stage ou d'inscription, d'un certificat de radiation énonçant la cause de cette radiation. Le candidat doit, en outre, établir qu'il est dans ses meubles et possède une installation convenable.

Pour les uns comme pour les autres, après enquête, s'il y a lieu, le Conseil statue à la majorité.

L'inscription au tableau est mentionnée au dos de l'acte de prestation de serment.

Art. IV. — Une fois admis, et avant de paraître à l'audience, l'avocat inscrit doit faire visite aux Président et Vice-Présidents du Tribunal civil, au Procureur de la République, au Président du Tribunal de Commerce et aux Présidents de section, aux juges de paix du lieu de leur résidence et au Vice-Président du Conseil de Préfecture.

Art. V. — En tête du tableau sont inscrits : 1° le Bâtonnier, 2° le Secrétaire du Conseil ; 3° les Membres du Conseil de l'Ordre d'après leur rang d'ancienneté au tableau ; 4° les Avocats honoraires d'après leur rang d'ancienneté au tableau.

Art. VI. — A la suite du tableau des avocats inscrits, une liste du stage est dressée portant les noms des avocats admis au stage avec leur adresse et la date de la prestation de serment. L'admission est réglementée par le Titre III ci-dessous.

Art. VII. — Le droit d'inscription au tableau et la cotisation annuelle sont fixés par le Conseil de l'Ordre au début de chaque année.

Art. VIII. — Le tableau est réimprimé au début de chaque année judiciaire. Toute demande de rectification ou de changement d'adresse doit être envoyée au bâtonnier en temps utile.

Art. IX. — Des exemplaires du tableau, numérotés et portant le sceau de l'Ordre, sont envoyés aux personnes désignées par le Conseil de l'Ordre. Le Secrétaire doit veiller à ce qu'aucun exemplaire ne soit détourné de sa destination ni publié dans d'autres locaux que ceux désignés par le Conseil.

Il pourra être créé des cartes d'identité portant la signature du Bâtonnier et le sceau de l'Ordre. Elles seront délivrées, à leurs frais, aux avocats inscrits ou stagiaires qui en feront la demande. Ces cartes devront être rendues en cas de démission, de radiation ou de suspension.

TITRE II

DE L'ORGANISATION ET DE L'ADMINISTRATION DE L'ORDRE

Art. X. — Le barreau de Lille est administré par un Conseil élu par l'assemblée générale des avocats inscrits au tableau et présidé par le Bâtonnier. Les élections se font du 15 Juin au 15 Juillet, à une date fixée par le Conseil de l'Ordre. Le bâtonnier ainsi que les membres du Conseil sont élus pour un an. Ils sont rééligibles. Ils entrent en fonctions le jour de la rentrée du Tribunal. En cas de vacance, par suite de décès, de démission ou autrement, l'élection partielle est faite dans le mois de l'événement qui la rend nécessaire.

Toutefois, si cet événement survient entre l'élection générale et le 1er Octobre, l'élection partielle sera faite dans le mois de la rentrée des tribunaux.

Art. XI. — Les avocats inscrits sont répartis en colonnes conformément aux dispositions de l'article 20 du décret du 20 Juin 1920. Les plus anciens avocats sont inscrits, chacun en tête d'une colonne, et ainsi de suite.

Un tableau par colonnes est établi, imprimé et distribué aux membres de l'Ordre.

Art. XII. — Chaque colonne se réunit au moins deux fois par an, autant que possible en décembre et en mai, et peut également être convoquée extraordinairement par le bâtonnier, sur décision du Conseil de l'Ordre.

La tenue des réunions de colonnes est réglée conformément à l'article 21 du décret du 20 Juin 1920.

Chaque colonne est présidée, soit par le Bâtonnier, s'il est présent, soit par un membre du Conseil délégué par lui. En cas de partage, la voix du président est prépondérante.

L'assistance aux réunions de colonnes est obligatoire sauf excuse admise par le Président.

Les avocats y assistent en robe.

TITRE III.

DU STAGE

Art. XIII. — L'admission au stage est réglée par les dispositions des articles 22 et suivants du décret du 20 Juin 1920.

Toute personne qui demande son admission au stage doit se conformer aux règles édictées par les articles II à IV ci-dessus.

Le droit d'admission et la cotisation annuelle pour les avocats stagiaires sont fixés par le Conseil de l'Ordre.

Art. XIV. — Les avocats stagiaires sont tenus de fréquenter les audiences. Ils sont répartis en colonnes.

Les stagiaires sont obligés d'assister aux réunions de colonnes, sauf excuse admise par le Président.

Les réunions sont présidées par le Bâtonnier ou par un membre du Conseil de l'Ordre délégué à cet effet.

Le Bâtonnier réunit les colonnes quand il le juge utile ; il peut les réunir simultanément.

Les membres de la réunion portent la robe.

Art. XV. — Les avocats stagiaires sont inscrits d'office à la conférence des avocats.

Tous sont tenus d'assister aux réunions de la Conférence et d'y prendre la parole à leur tour sous la sanction prévue par le décret et par le règlement particulier de la Conférence.

Ces réunions se tiennent sous le contrôle du Conseil de l'Ordre.

Art. XVI. — Il sera institué chaque année un concours de plaidoiries à la suite duquel le Conseil de l'Ordre pourra décerner le titre de Secrétaire de la Conférence.

TITRE IV

DE LA DISCIPLINE

Art. XVII. — Toutes les opérations qui constituent la profession d'agent d'affaires, telles que vente d'immeubles ou de fonds de commerce, achat de créances, recherche de successions, constitution de société, ou autres semblables, sont interdites à l'avocat. Il peut seulement y intervenir pour donner des conseils, des consultations, et rédiger des projets. Il ne doit jamais donner sa garantie personnelle pour l'exécution des actes qui concernent ses clients. Il ne doit jamais tolérer d'élection de domicile chez lui.

Toute recherche de clientèle, démarche ou réclame, est

interdite à l'avocat, soit qu'elle émane directement de lui, soit qu'elle soit faite par des tiers pour son compte.

Tout partage d'honoraires avec des personnes autres que des avocats, ou toute remise d'honoraires faite à des tiers constitue un manquement professionnel grave.

Les avocats sont autorisés à mettre à l'extérieur de leur domicile une plaque ne portant que leur nom et leur profession « ... X..., avocat au barreau de Lille », et dont les dimensions ne peuvent dépasser 0m06 de hauteur sur 0m12 de largeur.

Dans tous les imprimés à leur usage, les avocats doivent faire suivre leur titre d'avocat ou d'avocat stagiaire de la mention : « au barreau de Lille ».

Art. XVIII. — L'avocat reçoit les clients chez lui, à l'adresse mentionnée au tableau. Il ne peut avoir un cabinet dans une autre localité. Il ne peut se transporter chez les clients que si une circonstance tout-à-fait exceptionnelle l'exige.

Il lui est formellement interdit de recevoir dans des lieux tiers : mairie, syndicat, etc.

Art. XIX. — Lorsque l'adversaire a un avocat, toutes les relations ont lieu d'avocat à avocat, et un avocat ne peut se mettre en relation avec le client d'un confrère. Si l'adversaire vient le trouver, il doit refuser de l'entendre.

Art. XX. — Il est absolument interdit à l'avocat d'écrire à un adversaire, même avant toute procédure.

Il n'est fait exception à cette règle que si l'adversaire, auquel il ne connaît pas d'avocat, se met, de lui-même, en relation avec lui, ou encore si l'adversaire a comparu en personne, sans prendre d'avocat.

L'avocat ne doit jamais consulter ou plaider contre celui auquel il a donné conseil dans la même affaire.

Art. XXI. — Il est interdit à l'avocat de plaider pour réclamer ses frais et honoraires ou sur la restitution de la provision, sans en avoir obtenu l'autorisation écrite du bâtonnier.

En principe, l'avocat peut donner quittance des sommes qu'il reçoit à un titre quelconque.

Il est interdit à l'avocat de faire aucun traité pour ses honoraires ou d'acquérir des droits litigieux.

Art. XXII. — L'avocat, s'il doit prendre la parole, même pour une simple remise, ne doit se présenter qu'en robe à l'audience des tribunaux civil ou de commerce ainsi que devant le Conseil de préfecture et les Conseils de guerre.

Il est fait exception à cette règle si l'avocat plaide dans sa propre cause. En ce cas, il ne doit pas revêtir la robe. L'avocat doit revêtir la robe s'il veut prendre place dans les bancs réservés au barreau.

L'avocat plaide debout et peut rester couvert. Il se lève et se découvre s'il assiste en robe à la lecture d'une décision rendue dans une affaire où il a plaidé.

Art. XXIII. — Devant le tribunal de commerce, l'avocat demandeur doit remettre à son confrère une copie de ses conclusions ; le défendeur lui remet ensuite les siennes.

La communication des pièces du demandeur se fait sur la demande du défendeur.

Elle doit comprendre toutes les pièces dont le demandeur entend faire usage pour justifier sa demande.

Le défendeur, en retournant les pièces communiquées doit, par le fait même, communiquer toutes les pièces dont il entend user pour faire repousser la demande.

Si le demandeur oppose à la défense de nouvelles pièces, il doit les communiquer et ainsi de suite.

Les communications se font d'avocat à avocat ; la communication par la voie du greffe ne doit avoir qu'un caractère absolument exceptionnel.

Les communications entre avocats se font et se rendent sans récépissé.

L'avocat ne doit jamais se dessaisir aux mains d'une tierce personne des originaux qui lui ont été communiqués.

Les communications se rendent à bref délai.

Quand un avocat a l'intention de solliciter une remise, il doit au préalable en avertir l'adversaire.

Quand un client confie ses intérêts à un autre confrère que celui précédemment choisi, le confrère doit, avant de plaider, faire, autant que possible, désintéresser le précédent confrère de ses frais et honoraires.

Art. XXIV. — L'avocat commis d'office en matière civile ou commerciale, à la suite d'une décision du bureau d'assistance judiciaire, ne peut réclamer, ni directement ni indirectement, d'honoraires à son client. Mais si celui-ci lui en offre spontanément, il peut les recevoir.

Il en est de même pour les commissions d'office en matière pénale. Toutefois si l'avocat commis constate que le client a des ressources suffisantes pour verser des honoraires, il peut, après en avoir référé au Bâtonnier, demander à être déchargé de la commission d'office.

Lorsqu'un avocat, commis d'office, a pris contact avec le client, aucun confrère ne peut se charger de l'affaire sans en avoir préalablement prévenu le Bâtonnier et l'avocat commis.

Le confrère qui remplace ainsi un avocat commis d'office et qui reçoit des honoraires, se fera un devoir de faire rémunérer, dans une mesure équitable, le concours utile que l'avocat commis d'office aura donné antérieurement.

L'avocat qui aura été ainsi substitué par le client à un avocat commis d'office ne pourra plus se décharger de l'affaire sans avoir fait agréer par le Bâtonnier les motifs de son abstention.

Art XXV. — S'il surgit une difficulté entre avocats, leur devoir est de la soumettre tout d'abord et sans retard au Bâtonnier.

S'il surgit une difficulté entre avocat et magistrat, le devoir de l'avocat est, sans aggraver le conflit, d'en saisir le Bâtonnier ou le plus ancien membre du Conseil présent au Palais. Ceux-ci devront assurer la défense du confrère qui, par application des articles 41 et 42 du Décret, serait menacé à l'audience des réquisitions du ministère public.

Art. XXVI. — Il est interdit à l'avocat d'accepter un mandat salarié pour accomplir des actes étrangers à l'exercice de sa profession ou qui ne soient pas l'accessoire de ses actes professionnels.

Il est fait exception à cette règle lorsque le mandant est un proche parent ou allié de l'avocat.

L'avocat peut accepter le mandat d'administrateur d'une société anonyme, pourvu qu'il ne fasse que des actes de gestion collective, ou encore celui de membre d'un conseil de surveillance.

Il est interdit à l'avocat de convoquer des réunions de créanciers ou de les présider.

Il ne peut faire des propositions transactionnelles ou des offres réelles qu'après avoir obtenu du client des engagements écrits de nature à le couvrir. Il ne doit pas fournir sa garantie personnelle pour l'exécution des actes qu'il a pu conseiller.

Art. XXVII. — En cas de poursuites disciplinaires, les décisions rendues par défaut ne seront portées à la connaissance du Parquet qu'à l'expiration des délais d'opposition spécifiés dans l'article 37 du décret du 20 juin 1920.

TITRE V

AVOCATS HONORAIRES

Art. XXVIII. — Le titre d'avocat honoraire peut être conféré par le Conseil aux avocats qui ont été inscrits au tableau pendant 30 ans.

Les avocats honoraires sont inscrits d'après leur rang d'ancienneté au tableau, à la suite du Conseil de l'Ordre sous la rubrique : avocats honoraires.

Les avocats honoraires sont répartis dans les diverses colonnes de maîtres ; ils peuvent, s'ils le désirent, assister en robe aux réunions de colonnes. Ils ont voix consultative.

Lorsqu'ils assistent à des cérémonies avec les confrères, ils prennent la place que leur assigne leur rang d'ancienneté.

Ils sont soumis aux règles de la profession compatibles avec leur situation d'honorariat.

En cas d'infraction à ces règles, l'honorariat peut leur être retiré par le Conseil de l'Ordre.

* * *

Art. XXIX. — Toutes dispositions antérieures, contraires au présent règlement, sont abrogées.

(*Ce règlement intérieur a été adopté en séance du Conseil de l'Ordre le 26 mai 1924*).

LOI du 26 Mars 1924

réprimant l'usurpation des titres professionnels

Article unique. — Il est ajouté à l'alinéa 1er de l'article 259 du Code Pénal la disposition suivante :

« *Sera puni des mêmes peines quiconque aura fait usage d'un titre attaché à une profession légalement réglementée sans remplir les conditions exigées pour le porter* ». (*J. O. du 27 Mars 1924*).

Art. 259 du Code Pénal. — « Toute personne qui aura publiquement porté un costume, un uniforme ou une décoration qui ne lui appartiendrait pas, sera punie d'un emprisonnement de six mois à deux ans.

» Sera puni d'une amende de 500 fr. à 10.000 fr., quiconque, sans droit et en vue de s'attribuer une distinction honorifique, aura publiquement pris un titre, changé, altéré ou modifié le nom que lui assignent les actes de l'état civil.

» Le tribunal ordonnera la mention du jugement en marge des actes authentiques ou des actes de l'état civil dans lesquels le titre aura été pris indûment ou le nom altéré.

» Dans tous les cas prévus par le présent article, le tribunal pourra ordonner l'insertion intégrale ou par extrait du jugement dans les journaux qu'il désignera.

» Le tout aux frais du condamné ».

RÈGLEMENT INTÉRIEUR

DE LA

CONFÉRENCE DU STAGE

ART. 1er.

La Conférence des Avocats inscrits au Barreau de Lille a pour but de contribuer, par la préparation des questions juridiques et la plaidoirie, à la formation professionnelle des avocats stagiaires.

Elle comprend des membres actifs et des membres honoraires.

ART. 2.

En hommage au confrère qui s'y dévoua tout particulièrement durant sa vie, la Conférence s'appellera « Conférence Eugène DELEMER ».

ART. 3.

Sont inscrits d'office comme membres actifs les avocats stagiaires pendant la durée de leur stage et, sur leur demande, les avocats maîtres.

Ne peuvent être membres honoraires que les avocats inscrits au tableau comme maîtres depuis au moins dix ans, ou ceux qui ont été membres actifs pendant cinq ans ou encore les anciens avocats satisfaisant à l'une ou l'autre de ces deux conditions, quelle que soit leur résidence.

DU BUREAU

Art. 4.

La présidence de la Conférence appartient de droit au Bâtonnier. Il est assisté d'un secrétaire désigné par lui parmi les secrétaires de la Conférence nommés au concours annuel.

Le secrétaire rédige les procès-verbaux de chaque séance et les lit à la séance suivante. Il est chargé de la correspondance de la Conférence.

DES EXCUSES

Art. 5.

Tous les avocats stagiaires sont tenus d'assister aux séances. Au début de chacune d'elles, il sera fait, par le secrétaire, un appel nominal des membres de la Conférence.

Le secrétaire tient un registre de présence des avocats stagiaires. Ce livre sera communiqué au Bâtonnier après chaque séance avec les lettres d'excuses des avocats qui, pour raison majeure, n'auront pu assister à la réunion.

Tout avocat qui ne pourra assister à une séance devra en avertir par écrit le secrétaire, trois jours au moins, en principe, avant la réunion. S'il est inscrit pour plaider, il devra faire toutes démarches utiles auprès du secrétaire qui procèdera à son remplacement. L'excuse devra être motivée.

Toute absence non justifiée de l'avocat stagiaire aux travaux de la Conférence l'expose à des sanctions disciplinaires qui peuvent aller jusqu'à la suspension du stage.

DES TRAVAUX DE LA CONFÉRENCE

Art. 6.

La Conférence se réunit chaque semaine au palais de justice, aux lieu et heure fixés par le Bâtonnier. Elle est présidée par le Bâtonnier ou un membre du Conseil de l'Ordre délégué spécialement à cet effet.

Le rôle des travaux est composé par les soins des secrétaires de la Conférence et arrêté par le Conseil de l'Ordre. Il sera distribué aux avocats stagiaires à l'ouverture de l'année judiciaire. Le rôle indique les questions à plaider, le nom des orateurs tant pour l'affirmative que pour la négative et le ministère public.

ART. 7.

Tous les membres de la Conférence, doivent, après les conclusions du ministère public, donner de vive voix leur avis sur la question, en la forme d'un jugement motivé par : « Attendu, etc... ».

ART. 8.

Le président tient compte des jugements ainsi formulés en faveur soit du demandeur soit du défendeur, donne le dernier son avis personnel en la même forme et déclare que la Conférence adopte la conclusion à laquelle s'est rangée la majorité absolue de ses membres, le président ayant voix prépondérante en cas de partage.

SECRÉTARIAT DE LA CONFÉRENCE

ART. 9.

Il sera institué, chaque année, entre les avocats stagiaires, un concours de plaidoiries. Ceux d'entre eux qui désireront concourir, devront se faire inscrire chez le secrétaire du Conseil de l'Ordre au plus tard avant le 15 Mars. Les questions posées par le Conseil de l'Ordre seront tirées au sort. Chaque concurrent présentera la question qui lui est imposée en séance publique de la Conférence devant le Conseil de l'Ordre. Le concours terminé, le Conseil de l'Ordre désignera les secrétaires qui entreront en service avec l'année judiciaire suivante et pour le cours de cette année. Le nombre des secrétaires sera de 1 à 3, suivant la décision du Conseil de l'Ordre et les résultats du concours. S'il y a plusieurs secrétaires, le Conseil pourra décerner à ceux qui se seront particulièrement distingués le titre de premier et deuxième secrétaires de la Conférence.

Les secrétaires occupent le siège du ministère public pour les questions plaidées à la Conférence.

(Ce règlement intérieur a été adopté en séance du Conseil de l'Ordre, du 24 Novembre 1922 et modifié en séance du 26 Mai 1924).

www.ingramcontent.com/pod-product-compliance
Ingram Content Group UK Ltd.
Pitfield, Milton Keynes, MK11 3LW, UK
UKHW022146260726
13993UKWH00005B/2194

9 782329 202846